MAIN

WITHDRAWN

W9-AAM-431

SHIRLEY WILLIS nació en Glasgow, Escocia. Ha trabajado como ilustradora, diseñadora y redactora, principalmente de libros para niños.

BETTY ROOT era la Directora del Centro de Lectura e Información sobre el Lenguaje de la Universidad de Reading, Inglaterra durante más de 20 años. Ha trabajado con numerosos libros para niños, incluyendo obras de ficción y literatura fuera de la novelística.

PETER LAFFERTY era maestro de ciencias de un secundaria. Desde 1985 se ha dedicado a escribir libr de ciencias y tecnología para niños y para la lectu en casa. Ha redactado y contribuido a varios diccionarios y enciclopedi científicos.

REDACTORA: KAREN BARKER
ESPECIALISTA TÉCNICO: PETER LAFFERTY
ESPECIALISTA DEL LENGUAJE: BETTY ROOT

UN LIBRO DE SBC, CONCEBIDO, REDACTO Y DISEÑADO POR
THE SALARIYA BOOK COMPANY,
25 MARLBOROUGH PLACE, BRIGHTON, EAST SUSSEX BN1 1UB, REINO UNIDO.
© THE SALARIYA BOOK COMPANY LTD MCMXCVIII

PRIMERA EDICION ESTADOUNIDENSE 1998, FRANKLIN WATTS
GROLIER PUBLISHING CO., INC., 90 SHERMAN TURNPIKE, DANBURY, CT 06816

ISBN 0 531 11849 5 (LIB.BDG.)
ISBN 0 531 15999 X (PBK.)

VISITE A FRANKLIN WATTS EN EL INTERNET A: HTTP://PUBLISHING.GROLIER.COM

GROLIER
PUBLISHING

La documentación de catálogo que corresponde a este título se puede obtener de la Biblioteca del Congreso de los EE.UU.

TODOS LOS DERECHOS RESERVADOS.
IMPRESO EN BÉLGICA.

LOS ESTUPENDOS

ÍNDICE GENERAL

Dondequiera que veas este símbolo, pídele a un adulto que te ayude.

LOS ESTUPENDOS
DIME POR QUÉ ES MOJADA LA LLUVIA

SHIRLEY WILLIS

W

FRANKLIN WATTS

Una división de Grolier Publishing

NEW YORK • LONDON • HONG KONG • SYDNEY
DANBURY, CONNECTICUT

Orange Public Library
Orange, CA 92866
FEB 07 2005

¿QUÉ ES EL AGUA?

El agua no tiene
ningún color,
ni sabor, ni olor
ni forma.

Existe en tres
estados diferentes:
líquido, sólido
y gaseoso.

La mayoría del agua q⟨
se usa diariamente est⟨
en estado líquido.

¡PAS!

¡ZAS!

6

El hielo es el agua que se
ha congelado y se ha hecho
sólida porque está fría.

Cuando se calienta el agua,
se convierte en un gas invisible
que se llama el vapor.

¡BRRR!

7

¿QUIÉN NECESITA EL AGUA

DOS TERCERAS PARTES DEL CUERPO SE COMPONEN DE AGUA

Todo lo que vive
necesita el agua:
toda la gente,
los animales y
las plantas.

El cuerpo transpira
cuando se calienta.
La transpiración es
el agua que sale
por las pequeñas
aberturas en la
piel que se llaman
poros. Así se
refresca la gente.

8

¿ES VERDAD QUE EL AGUA HACE CRECER TODO?

Necesitarás: Semillas de mostaza y berros
Dos pequeñas bandejas de plástico, forradas con toallas de papel

1. Moja ligeramente la toalla de papel de la bandeja de la derecha.
2. Riega las semillas en las dos bandejas.
3. Pon las bandejas cerca de una ventana.
4. Todos los días, remoja las semillas de la bandeja de la derecha para que se mantengan húmedas.

¿Cuáles semillas crecen?
Las semillas de la derecha crecen porque el agua hace que crezcan las cosas.

IZQUIERDA   DERECHA

LAS CEBOLLAS TE HACEN LLORAR

Las lágrimas se componen de agua. Cuando las cebollas te irritan los ojos, las lágrimas ayudan a lavarlos.

¿QUÉ ES LA LLUVIA?

La lluvia es el agua que cae de las nubes.

10

¿PUEDES MEDIR LA LLUVIA?

Necesitarás: Una botella de plástico
Tijeras
Una taza de medir

1
2
3

1. Corta la parte superior de la botella. Pídele a un adulto que te ayude con las tijeras.

2. Pon la parte superior de la botella boca abajo y empújala para que quede dentro de la botella.

3. Pon la botella en el jardín. Asegúrate que no esté cerca de los árboles porque pueden impedir que el agua caiga dentro de la botella.

Todos los días, mide la lluvia que ha caído en la botella. Utiliza la taza de medir. Habrá días en que encontrarás la botella vacía.

11

¿QUÉ SON LAS NUBES?

Las nubes flotan en el cielo.
Cada nube se compone de
millones de pequeñísimas
partículas de agua
que se llaman gotitas.

Las gotitas de agua son tan ligeras que flotan en el aire.

HAY TRES TIPOS PRINCIPALES DE NUBES

El cúmulo se parece al algodón.

El estrato es plano.

El cirro es delgado y espigado.

13

¡LOS CHARCOS PARECEN ENCOGERS

¿ADÓNDE VAN LOS CHARCOS?

El calor del sol convierte
en vapor parte del agua de
la tierra y del mar.

14

El vapor es un gas invisible que sube al aire cuando el agua se calienta.

El proceso en el cual el agua se convierte en vapor se llama la evaporación.

OBSERVA UN CHARCO

Después de que haya llovido, dibuja con tiza una línea alrededor de un charco. El charco se encogerá cada vez más, hasta que desaparezca. La tierra absorbe parte del agua pero la mayoría del agua se evaporará.

¡SE HA EVAPORADO!

15

¿CÓMO SE FORMAN LAS NUBES?

El vapor sigue subiendo al aire hasta que se enfríe de nuevo. Cuando el vapor toca un granito de polvo, se convierte en una gota de agua. Este proceso se llama la condensación.

Ahora las gotitas de agua flotan en el aire y forman una nube.

16

17

¿PUEDES VER LA CONDENSACIÓN?

Cuando el vapor hace contacto con un espejo frío, se enfría y se convierte de nuevo en agua.

Puedes ver el agua condensada en tu cuarto de baño cuando el espejo está empañado.

18

¡QUÉ DIVERTIDO ES DIBUJAR!

19

¿POR QUÉ CAE LA LLUVIA?

Dentro de las nubes, las gotitas siguen moviéndose y chocando una contra la otra. Con cada topetón se unen más y más.

El resultado es una gota de lluvia.

A veces, cuando las gotitas de agua reflejan la luz del sol, la luz parece dividirse en diferentes colores y se forma un arco iris.

Una sola gota de lluvia se compone de más o menos un millón de gotitas pequeñísimas.

Los colores del arco iris son rojo, anaranjado, amarillo, verde, azul, morado y violeta.

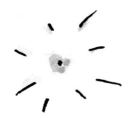

Cuando las gotitas se hacen más grandes, se ponen muy pesadas y ya no pueden flotar. Entonces caen de la nube en forma de lluvia.

Sopla algunas burbujas con agua jabonosa. Ahora, míralas cuidadosamente. ¿Puedes ver los colores del arco iris?

21

¿ POR QUÉ ES MOJADA LA LLUVIA?

La lluvia es mojada porque es agua que está en estado líquido.

La lluvia puede caer ligeramente o en forma de una llovizna.

22

¿QUÉ ES EL HIELO?

El agua se hace carámbano cuando el aire alrededor de nosotros se calienta y después se enfría rápidamente. Tan pronto como el aire se caliente, la nieve y el hielo comienzan a derretirse y a gotear. Pero si el aire se enfría de nuevo, el agua que está goteando se congela y forma largos dedos de hielo que se llaman carámbanos.

El hielo es el agua congelada. Cuando está muy fría, el agua se convierte de su estado líquido a un estado sólido que se llama el hielo.

El agua puede tomar cualquier forma cuand se congela. Si dejas un cubo de hielo en el sol se derretirá y se convertirá de nuevo en agua. Observa qué tan rápidamente desapare

PUEDES HACER TUS PROPIAS PALETAS DE HIELO

Necesitarás: Jugo de fruta
Copas limpias (como las del yogurt)
Palitos (como los de las paletas)

1

2

1. Llena cada copa casi por completo de jugo. Pon las copas en el congelador.

2. Cuando las paletas estén a medio congelar, sácalas del congelador. Ahora pon un palito en el centro de cada copa.

Pon de nuevo las copas en el congelador hasta que las paletas estén completamente congeladas.

¿QUÉ ES LA NIEVE?

Si el aire dentro de una nube está muy frío, las gotitas de agua se congelan y se hacen cristales de hielo.

Los cristales de hielo se pegan y forman copos de nieve.

Cuando los copos de nieve
se pegan y se vuelven demasiado
pesados, se caen de las
nubes. Entonces, nieva.

CÓMO HACER UN MUÑECO DE NIEVE

1. Haz una bola de nieve y hazla
   rodar en la nieve hasta que
   sea del tamaño necesario para el
   cuerpo de un muñeco de nieve.
2. Repite el primer paso,
   formando una bola más
   pequeña para la cabeza.
3. Coloca piedritas
   para hacer los ojos
   y la boca.
   Para la nariz,
   pon una ramita
   o una zanahoria.

27

¿QUÉ ES LO QUE SUBE Y QUÉ ES LO QUE BAJA?

Cuando el agua se evapora y se forma una nube, cae de nuevo en forma de lluvia, granizo o nieve. Después fluye a los riachuelos, los ríos y los mares.

Después se evapora otra vez.

El agua sube
pero siempre
baja de nuevo.

El viaje interminable
del agua del
mundo se llama
el ciclo del agua.

GLOSARIO

el agua Un líquido que no tiene ningún color, ni olor, ni sabor, ni forma y es importante para todo lo que vive.

el ciclo del agua El interminable movimiento del agua que sube del mar para formar nubes, cae en forma de lluvia, y desemboca en el mar.

la condensación Cuando se enfría el vapor y se convierte en líquido.

los cristales de hielo El agua que se ha congelado por el frío y se ha hecho sólido.

la evaporación Cuando se calienta el agua y se convierte en un gas invisible.

el granizo Bolitas de hielo que se forman dentro de un nubarrón.

el hielo El agua congelada.

la llovizna Una lluvia muy fina.

la nieve Los cristales de hielo que se pegan, forman copos de nieve, y caen a la tierra.

la nube Una mezcla de gotitas de agua o hielo que flota en el aire.

el vapor El agua que se ha convertido en un gas invisible.

INDICE

31